Documento de Trabajo
Serie Política de la Competencia y Regulación
Número 71/2025

Derechos exclusivos y el caso Superliga

¿Revolución doctrinal o solución puntual?

Daniel Buendía García

CEU | Ediciones

El Real Instituto Universitario de Estudios Europeos de la Universidad CEU San Pablo, Centro Europeo de Excelencia Jean Monnet, es un centro de investigación especializado en la integración europea y otros aspectos de las relaciones internacionales.

Los documentos de trabajo dan a conocer los proyectos de investigación originales realizados por los investigadores asociados del Instituto Universitario en los ámbitos histórico-cultural, jurídico-político y socioeconómico de la Unión Europea.

Las opiniones y juicios de los autores no son necesariamente compartidos por el Real Instituto Universitario de Estudios Europeos.

Los documentos de trabajo están también disponibles en: www.idee.ceu.es

I+D+i Jueces y Derecho de la Competencia

PID2020-115314GB-I00 financiado por MCIU/AEI/10.13039/501100011033

Serie *Política de la Competencia y Regulación* de documentos de trabajo del Real Instituto Universitario

Derechos exclusivos y el caso Superliga ¿Revolución doctrinal o solución puntual?

The European Commission's support for the production of this publication does not constitute an endorsement of the contents, which reflect the views only of the authors, and the Commission cannot be held responsible for any use which may be made of the information contained therein.

CEU *Ediciones*
Julián Romea 18, 28003 Madrid
Teléfono: 91 514 05 73
Correo electrónico: ceuediciones@ceu.es
www.ceuediciones.es

Real Instituto Universitario de Estudios Europeos
Avda. del Valle 21, 28003 Madrid
www.idee.ceu.es

ISBN: 979-13-87860-10-3
Depósito legal: M-20443-2025

Maquetación: CEU *Ediciones*

Índice

1. Introducción

El Derecho de la Competencia de la Unión Europea ha encontrado en el ámbito deportivo un campo complejo donde convergen la autonomía regulatoria de las federaciones deportivas y la garantía de preservar la libre competencia en el mercado interior. Un caso paradigmático que ejemplifica esta tensión es el de la llamada Superliga europea de fútbol. En 2021, un grupo de doce de los principales clubes europeos impulsó la creación de una competición continental privada (la *European Super League Company, S.L.*) al margen de las competiciones oficiales de la UEFA. Este proyecto de Superliga fue concebido como una alternativa directa y desafío a los torneos organizados por la UEFA –especialmente la Liga de Campeones–, con un formato inicialmente "semicerrado" que garantizaba plazas fijas a los clubes fundadores y algunos invitados, buscando maximizar ingresos por transmisiones y patrocinios. La reacción del mundo del fútbol fue inmediata y casi unánime en contra del proyecto: la mayoría de clubes –incluso varios fundadores– se retiraron ante las críticas al formato cerrado por atentar contra el mérito deportivo. Por su parte, la UEFA y la FIFA (los entes gobernantes del fútbol profesional en Europa y en le mundo) invocaron sus estatutos y anunciaron que no permitirían la creación de la Superliga, amenazando con sanciones severas a cualquier club o jugador que participase en ella.

Estas amenazas desembocaron en una batalla legal sin precedentes. La empresa promotora de la Superliga demandó a la UEFA y a la FIFA ante el Juzgado de lo Mercantil n.º 17 de Madrid, alegando que las normas de ambas federaciones que supeditan la creación de nuevas competiciones a su autorización previa –y las medidas de represalia anunciadas– eran incompatibles con la normativa europea de Competencia. El juez español, tras otorgar medidas cautelares, planteó varias cuestiones prejudiciales al Tribunal de Justicia de la Unión Europea para aclarar si tales normas y conductas de UEFA y la FIFA podían constituir infracciones de los artículos 101 y 102 del Tratado de Funcionamiento de la Unión Europea (de ahora en adelante, sencillamente el "TFUE"). Entre las interrogantes de fondo subyacía un asunto doctrinal trascendental: la posible aplicación al caso Superliga de la doctrina MOTOE, originada en una sentencia de 2008 (asunto C-49/07, *Motosykletistiki Omospondia Ellados*[1] o "MOTOE"), que había establecido exigencias especiales para las entidades que ostentan derechos exclusivos otorgados por el Estado y simultáneamente operan en el mercado como competidores.

La sentencia del TJUE de 21 de diciembre de 2023 (asunto C-333/21, *European Superleague Company* o "Superliga") confirmó en buena medida las tesis de la Superliga, declarando que las normas de la UEFA y la FIFA eran restrictivas de la competencia por su propia naturaleza al carecer de garantías de imparcialidad, transparencia y proporcionalidad. En esencia, el TJUE aplicó al caso Superliga la lógica de la doctrina MOTOE –tradicionalmente reservada a monopolios con prerrogativas estatales– a entes privados como UEFA y FIFA, que ostentan un monopolio *de facto* sobre la organización del fútbol en Europa. Esta aplicación plantea la cuestión central de esta tesina: ¿Supone la decisión del Tribunal un cambio de paradigma en la noción de derechos exclusivos comprendidos en el artículo 106 TFUE, ampliando dicho concepto más allá de las concesiones estatales clásicas, o se trata de una decisión puntual circunscrita al contexto deportivo?

Para abordar esta cuestión, en la presente tesina se analizará detalladamente el marco jurídico y jurisprudencial relevante explicando la doctrina MOTOE y examinando los pormenores del caso Superliga ante el TJUE. A continuación, se valorará críticamente si estamos ante un cambio de paradigma doctrinal y se explorarán las consecuencias prácticas que esta sentencia puede conllevar para otras entidades reguladoras privadas y para la seguridad jurídica a la hora de aplicar el Derecho Europeo de la Competencia. El objetivo es ofrecer un análisis

---

[1] Las referencias completas a la jurisprudencia citada se encuentran en la sección IX. de esta tesina, titulada "Jurisprudencia analizada". En el texto únicamente se indicará el número del asunto y el nombre abreviado de la sentencia.

exhaustivo y fundamentado, combinando el contexto general del Derecho de la Competencia con una atención principal al impacto doctrinal, jurisprudencial y práctico de la decisión del TJUE sobre el ecosistema regulatorio del deporte y potencialmente de otros sectores.

2. Marco jurídico y jurisprudencial

El Derecho de la Competencia de la UE se aplica en principio a todas las actividades económicas que puedan afectar al comercio entre Estados miembros, entre las que se encuentra la organización de competiciones deportivas profesionales. Las federaciones deportivas, aunque son asociaciones privadas sin ánimo de lucro, son consideradas empresas o asociaciones de empresas a efectos de la competencia cuando desempeñan actividades económicas (como la organización de competiciones o la explotación comercial de sus derechos). En consecuencia, las normas y decisiones adoptadas por órganos como la UEFA o la FIFA pueden ser examinadas bajo el artículo 101 TFUE (que prohíbe acuerdos entre empresas o decisiones de asociaciones de empresas que restrinjan la competencia) y sus actuaciones unilaterales pueden controlarse bajo el artículo 102 TFUE (que prohíbe el abuso de una posición dominante).

No obstante, el ámbito deportivo presenta particularidades reconocidas por el propio Derecho de la Unión. El Tratado de Lisboa introdujo el art. 165 TFUE, que encomienda a la UE contribuir a la "dimensión europea del deporte" y reconoce "la especificidad del deporte". Jurisprudencialmente, el TJUE ha abordado casos deportivos tanto desde la óptica de las libertades de circulación (ver el asunto C-415/93, *Bosman*, que eliminó restricciones a jugadores extranjeros en clubes europeos) como desde la óptica de la competencia. En el conocido asunto C-519/04 *Meca-Medina*, relativo a las normas antidopaje, el Tribunal estableció que las reglas deportivas no están *a priori* exentas del Derecho de la Competencia. Sin embargo, al analizar su compatibilidad, debe considerarse el contexto y objetivos legítimos de dichas normas, pudiendo quedar justificadas si son intrínsecas a la organización del deporte y proporcionadas a tales objetivos. Esta metodología (a veces llamada "test Meca-Medina") implica que ciertas restricciones inherentes al deporte (por ejemplo, las normas de elegibilidad o de calendario) pueden no violar la competencia si cumplen una función legítima y necesaria para la competición deportiva.

Ahora bien, en el caso de las normas de autorización previa de competiciones y las sanciones a competidores "rebeldes", entran en juego consideraciones adicionales. Históricamente, la estructura piramidal del deporte europeo –con federaciones exclusivas por cada disciplina, desde el nivel nacional al internacional– ha generado situaciones de monopolio de facto, puesto que una sola entidad gobierna la disciplina y organiza (o autoriza) todas las competiciones oficiales. En algunos casos, este monopolio ha sido reforzado por disposiciones estatales, confiriendo a las federaciones poderes exclusivos. Es aquí donde el artículo 106 TFUE resulta relevante. El primer apartado del artículo 106 TFUE establece que los Estados miembros no adoptarán ni mantendrán medida alguna contraria a los Tratados en relación con empresas públicas o empresas a las que hayan concedido derechos especiales o exclusivos. En combinación con los artículos 101 y 102 TFUE, este precepto sirve para fiscalizar situaciones en las que un Estado otorga a una entidad privilegios exclusivos que, de no mediar salvaguardas, pueden derivar en infracciones de competencia prohibidas.

Pero antes de proseguir hemos de definir claramente a qué se refiere el artículo 106 TFUE cuando habla de "derechos especiales o exclusivos", puesto que en dicho artículo no se incorpora tal definición. Pues bien, hemos de remarcar que, a ojos de la jurisprudencia del Tribunal de Justicia, los derechos especiales y los derechos exclusivos no siempre han sido lo mismo[2], únicamente siendo estos últimos los que nos son de interés en la presente cuestión. Por ello, sólo nos atendremos a la definición que la Comisión Europea hace del concepto de derechos exclusivos

---

2   Ver TJUE, *Reino de España, Reino de Bélgica y República Italiana/Comisión Europea* (Asuntos acumulados C-271, 281 y 289/90), 17 de noviembre de 1992, párrafos 28-32; y TJUE, *República Francesa/Comisión Europea* (C-202/88), 19 de marzo de 1991, párrafos 45-47.

en el apartado f) del artículo 2 de la *Directiva 2006/111/CE de la Comisión, de 16 de noviembre de 2006*[3]. Esta dice que los derechos exclusivos son *"los derechos concedidos por un Estado miembro a una empresa mediante cualquier instrumento legal, reglamentario o administrativo que reserve a esta empresa el derecho a prestar un servicio o emprender una actividad en una zona geográfica específica"*.

Cierto es que esta definición únicamente aplica al objeto de la directiva citada –es decir, a los derechos exclusivos en el marco de ciertas relaciones financieras–, pero es más que probable que esta definición sea la misma que la Comisión tiene para los derechos exclusivos a los que el artículo 106 TFUE se refiere. Así pues, podemos definir un derecho exclusivo como aquella medida tomada por un Estado miembro en el ejercicio de sus funciones de autoridad pública, por las cuales se confiere exclusividad mediante cualquier instrumento legal a una empresa, pública o privada, siendo dicha exclusividad para el ejercicio de una actividad económica determinada en un territorio determinado y en un período de tiempo determinado[4].

En la jurisprudencia clásica, el TJUE aplicó el entonces artículo 86 TCE (hoy 106 TFUE) de manera conjunta con el artículo 82 TCE (hoy 102 TFUE) para controlar monopolios legales en sectores como comunicaciones (asunto C-260/89, *ERT*) o distribución comercial (asunto C-18/88, *GB-Inno-BM*). El denominador común era la existencia de derechos exclusivos otorgado por el Estado a una empresa, generando una posición dominante cuya explotación podía chocar con la competencia. En ese contexto, el Tribunal desarrolló la idea de que la mera configuración legal de ciertos monopolios podía implicar una violación si colocaba a la empresa en la inevitable tentación de abusar de su posición (la llamada doctrina de la "tentación inevitable").

Por muchos años, se asumió que las obligaciones reforzadas derivadas del artículo 106 TFUE –como la exigencia de actuar con neutralidad– sólo operaban cuando había prerrogativas de origen estatal. Es decir, si un monopolio era meramente de mercado (resultado de circunstancias económicas o acuerdos privados), se aplicaban las reglas generales de los artículos 101 y 102 TFUE, pero no las exigencias adicionales reservadas a monopolios legales o cuasi-públicos. El deporte profesional desafió esta categorización tradicional, ya que las federaciones ostentan un monopolio que, si bien no siempre dimana formalmente de una ley, sí suele estar reconocido o avalado indirectamente por los Estados (por ejemplo, a través de la afiliación de las federaciones nacionales a una federación internacional única, o por la aceptación social y gubernamental de esa estructura unitaria). Este carácter híbrido planteó interrogantes sobre cómo aplicar el Derecho de la Competencia: ¿basta con el escrutinio ordinario de conductas bajo el marco de los artículos 101 y 102 TFUE, o deben imponerse también a los entes –privados- gobernantes del deporte ciertas obligaciones de servicio público o neutralidad, análogas a las de un titular de un derecho exclusivo?

Antes de *Superliga*, la Comisión Europea y los tribunales ya habían afrontado conflictos entre federaciones deportivas y promotores de competiciones independientes. Un ejemplo notable es el caso de la International Skating Union (ISU), donde dos patinadores denunciaron en 2014 las reglas de la ISU que penalizaban con expulsiones de por vida a atletas que participaran en eventos no autorizados por dicha federación. La Comisión, en 2017, declaró que esas normas violaban el art. 101 TFUE, al constituir decisiones de una asociación de empresas que tenían por objeto restringir la competencia (en concreto, bloquear la organización de competiciones rivales). El Tribunal General de la UE confirmó en 2020 la decisión, y finalmente el TJUE, el mismo 21 de diciembre de 2023, desestimó el recurso de casación de la ISU (asunto C-124/21 P), reafirmando que las reglas de autorización previa sin criterios objetivos y con sanciones desproporcionadas son incompatibles con la competencia (en línea con la postura adoptada simultáneamente en *Superliga*).

En resumen, para entender la decisión del TJUE en *Superliga* es fundamental tener presente: (i) que las federaciones deportivas, pese a su naturaleza privada, están plenamente sujetas a las normas de competencia como cualquier empresa dominante o asociación de empresas; (ii) que la jurisprudencia del TJUE prevé un trato específico para quienes operan bajo derechos exclusivos otorgados por los poderes públicos; y (iii) que ya existían precedentes en

---

3   Directiva 2006/111/CE de la Comisión, de 16 de noviembre de 2006, relativa a la transparencia de las relaciones financieras entre los Estados miembros y las empresas públicas, así como a la transparencia financiera de determinadas empresas. Disponible en https://eur-lex.europa. eu/legal-content/ES/TXT/?uri=celex:32006L0111.

4   Buendía Sierra, J. L., Exclusive Rights and State Monopolies under EC Law, Oxford University Press, 1999, pp. 4-6.

los que la Comisión Europea había intervenido contra normas federativas excluyentes (como la ISU), anticipando la problemática abordada en *Superliga*. Sobre esta base, pasaremos a examinar con mayor detalle la doctrina MOTOE, originada en 2008, por su relevancia central en la argumentación del caso Superliga.

3. La doctrina MOTOE

El término "doctrina MOTOE" alude a los principios emanados de la Sentencia del TJUE de 1 de julio de 2008, asunto C-49/07 (*MOTOE* c. Grecia). En aquel caso, una organización privada de motociclismo denominada *Motosykletistiki Omospondia Ellados* (MOTOE) impugnó la legalidad de la normativa griega que confería a otra entidad, *Elliniki Leschi Periigiseon kai Aftokinitou* (ELPA), el poder exclusivo de autorizar eventos de motociclismo en Grecia. ELPA, a su vez, no solo era la autoridad reguladora de facto, sino que organizaba sus propias competiciones motociclistas, compitiendo así con potenciales promotores como MOTOE. Este esquema legal implicaba que cualquier organizador externo debía obtener la aprobación de su competidor (ELPA) para celebrar carreras, sin que existieran criterios claros que limitasen la discrecionalidad de ELPA. MOTOE alegó que esta situación en la que ELPA ejercía un doble papel (simultáneamente era regulador y competidor en un mismo mercado) constituía un conflicto de interés flagrante que podría derivar en abusos de posición dominante, contrarios a las normas de competencia de la UE.

El TJUE dio la razón a MOTOE, sentando un importante precedente. En su sentencia, el Tribunal observó que la normativa griega cuestionada, al otorgar a ELPA el control exclusivo sobre la autorización de carreras, colocaba a esta entidad en la tentadora posición de poder favorecer sus propios intereses comerciales a expensas de sus competidores directos. En otras palabras, existía el riesgo evidente de que ELPA denegara o retrasara sin justificación la autorización de eventos organizados por terceros (como MOTOE) para proteger su propio negocio en las competiciones. Esto constituía un abuso de posición dominante directamente imputable a ELPA. Pero el TJUE fue más allá al analizar la responsabilidad del Estado griego. Dado que este poder anticompetitivo de ELPA derivaba de una norma nacional que le confería derechos exclusivos, Grecia incumplió el entonces artículo 86 TCE (106 TFUE) al establecer un régimen que propiciaba semejante infracción de competencia.

No obstante, la doctrina MOTOE no implica que cualquier situación de ente regulador-participante sea automáticamente ilícita. El Tribunal reconoció expresamente que estas situaciones de doble naturaleza pueden ser compatibles con el Derecho de la Unión, siempre que se observen ciertas garantías que neutralicen el conflicto de interés. En la sentencia MOTOE, el TJUE enumeró una serie de criterios y estándares que deben cumplir las entidades en tal posición para no incurrir en abuso: (1) Deber de imparcialidad en la toma de decisiones regulatorias; (2) Establecimiento de criterios objetivos y transparentes para autorizar o denegar eventos; (3) Implantación de mecanismos eficaces para evitar conflictos de interés internos; (4) Deber de motivar o justificar toda decisión (especialmente las negativas); y (5) Consideración del impacto en el mercado de las decisiones (cuanto mayor sea la influencia de la decisión en la estructura competitiva del mercado, más estrictamente deben aplicarse los criterios anteriores).

Estos requisitos, según aclaró el Tribunal, derivan de una lectura conjunta del entonces artículo 82 TCE (102 TFUE) con el artículo 86 TCE (106 TFUE). Es decir, combinan la prohibición de abuso de dominio con la obligación del Estado de no facilitar dicho abuso mediante la concesión de derechos exclusivos sin salvaguardias. En aplicación de esta doctrina, la sentencia concluyó que Grecia había violado la UE al otorgar a ELPA el poder exclusivo sin sujetarlo a ninguno de los criterios mencionados, puesto que la facultad de ELPA de denegar autorizaciones discrecionalmente carecía de contrapesos (como transparencia o posibilidad de revisión imparcial). Así, la norma nacional fue declarada incompatible con los artículos 102 y 106 TFUE, y por ende inaplicable.

La trascendencia de MOTOE radica en haber establecido un marco normativo claro para evitar abusos en situaciones de monopolio regulatorio: un titular de un derecho exclusivo (aunque sea una entidad privada) no puede ejercer su poder de forma arbitraria o discriminatoria, sino que debe regirse por pautas objetivas, transparentes y proporcionadas similares a las de una administración pública. En cierto modo, MOTOE equiparó a entidades privadas investidas de autoridad *ex lege* con operadores cuasi-públicos, imponiéndoles deberes de neutralidad competitiva. Hasta 2023, la doctrina MOTOE se entendía aplicable fundamentalmente cuando había un mandato público expreso. Es decir, cuando un Estado miembro había delegado explícitamente en un ente privado la regulación de un mercado en el que también compite. El desafío en el caso Superliga era determinar si estos principios podían o debían extenderse a FIFA y UEFA, cuyas posiciones dominantes no derivan de una concesión estatal formal sino de una autoorganización privada aceptada por la comunidad deportiva. En la siguiente sección analizaremos cómo abordó el TJUE esta cuestión en su sentencia sobre la Superliga.

4. El caso Superliga ante el TJUE

4.1. Hechos y cuestiones planteadas

El proyecto de la Superliga europea fue "oficialmente"[5] anunciado el domingo 18 de abril de 2021, cuando 12 de los principales clubes europeos (Real Madrid, FC Barcelona, Juventus, Manchester United, Liverpool, entre otros) alcanzaron un acuerdo para crear una nueva competición continental privada, al margen de las estructuras UEFA. La Superliga pretendía disputarse entre clubes permanentes (fundadores) y algunos clasificados, operando como competencia directa de la UEFA Champions League, pero controlada enteramente por los clubes participantes a través de una sociedad española: la *European Superleague Company*. Inmediatamente, UEFA y FIFA invocaron sus normas estatutarias (los artículos 49-51 de los Estatutos UEFA y 71-73 de Estatutos FIFA, entre otros) que les otorgaban la potestad de autorizar *cualquier nueva competición* y prohibir la participación en torneos no autorizados. Respaldándose en dichas normas, la UEFA y la FIFA advirtieron que no aprobarían la Superliga y que cualquier club o jugador involucrado sería expulsado o sancionado de sus competiciones oficiales (Champions League, Copa del Mundo, etc.). Este pulso llevó a que, pocos días después del anuncio, el proyecto de Superliga "suspendiera" sus planes ante la desbandada de la mayoría de los clubes fundadores por temor a las sanciones y al rechazo popular.

Paralelamente, la sociedad promotora acudió al Juzgado de lo Mercantil n.º 17 de Madrid, obteniendo inicialmente medidas cautelares que impedían a UEFA y FIFA adoptar represalias mientras se resolvía el fondo. El litigio principal planteaba que las normas de la UEFA y la FIFA de autorización previa y las amenazas de sanción infringían el artículo 101 TFUE (por constituir decisiones de asociaciones de empresas que restringen la competencia) y el artículo 102 TFUE (por constituir un abuso de la posición dominante que ambas entidades ostentan en el mercado de la organización de competiciones futbolísticas profesionales). Asimismo, se alegó la violación de las libertades de prestación de servicios y establecimiento por impedir a los clubes ofrecer competiciones de forma independiente.

El juez español elevó cuestiones prejudiciales extensas al TJUE. En esencia, preguntó si las normas de la UEFA y la FIFA que: supeditan la creación de nuevas competiciones a una autorización discrecional y prohíben la participación en competiciones no autorizadas bajo amenaza de sanciones, son compatibles con los artículos 101 y 102 TFUE, o si por el contrario suponen una restricción prohibida de la competencia. Se cuestionó también si podría aplicarse alguna excepción de las previstas, y si ciertos comportamientos podrían quedar fuera del ámbito de los artículos 101 y 102 TFUE por su naturaleza específica. En otras palabras, el tribunal nacional buscaba clarificar si el modelo de monopolio deportivo ostentado por la UEFA y la FIFA era admisible bajo la óptica del Derecho Europeo de la Competencia.

---

5   El anuncio consistió en un comunicado publicado en la red social Twitter alrededor de la medianoche, con la consiguiente aparición del principal promotor del proyecto –don Florentino Pérez– en el programa televisivo "El Chiringuito de Jugones" en MEGA. Como entenderá el lector, pese a ser "oficial", el anuncio en cuestión difícilmente puede calificarse como ceremonioso.

4.2. Posición dominante de la UEFA y la FIFA y aplicabilidad del Derecho de la Competencia

Como premisa, el TJUE confirmó que FIFA y UEFA realizan actividades económicas en la organización de competiciones de fútbol y la venta de sus derechos televisivos, por lo que están sujetas a las normas de competencia a pesar de su naturaleza asociativa y de las particularidades del deporte. No existe una excepción general que excluya las reglas deportivas del alcance de los artículos 101 y 102 TFUE (siguiendo la línea de *Meca-Medina*). El Tribunal reafirmó que la estructura piramidal del fútbol europeo, con federaciones (nacionales, continentales e intercontinentales) dotadas de facultades normativas, de control y sancionadoras, no escapa por ello al cumplimiento del Derecho de la Unión. Rechazó, por tanto, cualquier idea de exención del Derecho de la Competencia para la UEFA y la FIFA, dejando sentado que los objetivos deportivos específicos podrán ser considerados en el análisis, pero no impiden la aplicación de los tratados.

El Tribunal abordó seguidamente si la UEFA y la FIFA ostentan una posición de dominio en el mercado pertinente. Definió dicho mercado como el de la organización de competiciones de fútbol de clubes en Europa (y correlativamente, el acceso de clubes y jugadores a tales competiciones). Dada la estructura piramidal, la UEFA es efectivamente monopolista en ese ámbito, puesto que ninguna otra entidad puede organizar un torneo europeo reconocido, y los clubes dependen de las competiciones de la UEFA para competir internacionalmente. La posición dominante de la UEFA (y por extensión, de la FIFA a nivel global) era, pues, evidente y prácticamente indisputable –de hecho, la propia UEFA no negó su poder de mercado, sino que lo justificó por razones de integridad deportiva–. Un punto decisivo –a penas señalado por el TJUE en su sentencia– es que esta posición de dominio carece de un origen estatal, sino que es el resultado de una autoorganización privada del deporte europeo, no del otorgamiento formal de una concesión por un Estado. Este hecho crucial diferenciaba el caso de precedentes como MOTOE, donde el monopolio venía impuesto por un mandato estatal expreso. La pregunta de fondo era si, a pesar de no mediar una concesión estatal otorgada por un Estado miembro, la UEFA y la FIFA debían someterse a las mismas exigencias que pesaban sobre los tenedores de derechos exclusivos (como ELPA en MOTOE) para no incurrir en abuso.

4.3. Restricción de la competencia por objeto: las normas de autorización previa y sanciones

El grueso de la sentencia del TJUE reside en el examen de las normas de autorización previa de la UEFA y la FIFA y la prohibición de competiciones no autorizadas. Tras evaluar su contenido y contexto, el Tribunal concluye que dichas normas constituyen una restricción a la competencia "por objeto", es decir, intrínsecamente nociva, sin necesidad de demostrar efectos anticompetitivos concretos.

El razonamiento del TJUE sigue de cerca la lógica de MOTOE, puesto que observa que la UEFA y la FIFA concentran en sus manos un doble papel –simultáneamente actúan de organizador (y regulador) y de competidor– muy similar al de ELPA, con la diferencia de que aquí la "autoridad" en cuestión es autoasignada. Es decir, en vez de emanar de un Estado Miembro, la UEFA y la FIFA se autoadjudicaron los poderes para regular el fútbol profesional en Europa.

En este escenario, las reglas que obligan a obtener la autorización de la UEFA y la FIFA para poder organizar una nueva competición, "sin estar sujetas a criterios materiales ni a un procedimiento claro que garantice su transparencia, objetividad, no discriminación y proporcionalidad", generan por sí mismas un alto grado de riesgo para la competencia. Al no establecerse *ex ante* limitaciones ni directrices sobre cómo ejercer la potestad de autorización, la UEFA y la FIFA disponen de una libertad absoluta para denegar o aprobar competiciones según su interés, pudiendo excluir competidores (como la Superliga) arbitrariamente. Esto, afirma el Tribunal, impide el acceso de posibles competidores al mercado y falsea el juego de la competencia en el sentido del artículo 101 TFUE.

La sentencia es contundente al señalar que unas normas de autorización y sanción sin salvaguardias revelan una nocividad suficiente por su propia naturaleza. Así, declara que *"debe considerarse que, cuando no están sujetas a criterios materiales y a reglas de procedimiento que permitan garantizar su carácter transparente, objetivo, preciso, no discriminatorio y proporcionado [...] [las] normas de autorización previa, de participación y sancionadoras como las discutidas en el litigio principal presentan, por su propia naturaleza, un grado de nocividad suficiente para la competencia y, por este motivo, tienen por objeto impedirla"*, considerándose contrarias al artículo 101 TFUE sin siquiera requerir un análisis de sus efectos. En otras palabras, la mera existencia de esa discrecionalidad sin controles en manos del actor que regula el acceso al mercado constituye una restricción *por objeto*, equiparable a un cartel o un bloqueo absoluto de mercado.

Respecto a las amenazas de sanciones (por ejemplo, expulsar de la Liga de Camepones o de la Copa del Mundo a clubes o jugadores "díscolos"), el TJUE las examinó conjuntamente con las normas de autorización, entendiendo que forman parte de una misma estrategia restrictiva. No realizó un análisis separado, sino que concluyó que el *anuncio* de aplicar sanciones en caso de creación de la Superliga debe considerarse parte integral de la conducta anticompetitiva ya identificada, y por tanto infringe igualmente los artículos 101 y 102 TFUE. En resumen, la UEFA y la FIFA hicieron uso de su posición de dominio y de las normas controvertidas previamente mencionadas para bloquear cualquier competición rival (el propio hecho de amenazar sanciones llevó a la paralización del proyecto de la Superliga), lo que el Tribunal calificó de práctica contraria a la competencia.

Habría de resaltarse que el TJUE, si bien analizó estas conductas bajo dos prismas jurídicos (los artículos 101 y 102 TFUE), llegó a la misma conclusión de ilícito bajo ambos preceptos. Por el lado del artículo 101 TFUE, las normas impugnadas son decisiones de asociaciones de empresas (la UEFA y la FIFA aglutinan a federaciones nacionales y clubes) con objeto de restringir la competencia. Por el lado del artículo 102 TFUE, su aplicación se justifica porque la UEFA y la FIFA son empresas en posición dominante que estarían abusando de esa posición al excluir a un competidor potencial. La sentencia declara que tanto las normas de autorización previa y exclusividad de la UEFA y la FIFA, como las amenazas de sanción, vulneran los artículos 101 y 102 TFUE de forma simultánea. En la práctica, el TJUE vinculó la infracción de los artículos 101 y 102 TFUE de manera que el mismo comportamiento anticompetitivo puede ser descrito como acuerdo (o decisión) restrictivo de la competencia y como abuso de posición de dominio a la vez. Esta dualidad no es inusual en contextos de asociaciones dominantes, pero subraya la gravedad con la que el Tribunal vio el bloqueo a la Superliga.

Finalmente, el Tribunal también abordó otra faceta del caso: las normas de la UEFA y la FIFA que les atribuyen el control exclusivo sobre la explotación comercial de los derechos derivados de las competiciones oficiales (por ejemplo, derechos de retransmisión de Champions League, etc.). Si bien esto no estaba directamente en juego en la querella de la Superliga, formaba parte del contexto de monopolio. El TJUE señaló que dichas normas de exclusividad sobre los derechos "pueden restringir la competencia", dada la enorme importancia comercial de esos derechos para medios, consumidores y patrocinadores. En particular, observó con preocupación que la UEFA y la FIFA se hubieran atribuido incluso los derechos de competiciones organizadas por terceros bajo su égida (por ejemplo, torneos de federaciones nacionales), consolidando así un monopolio absoluto en la comercialización de eventos futbolísticos. Esta práctica equivale a uniformar el comportamiento de los compradores de derechos televisivos, lo cual puede constituir tanto una restricción por objeto en el sentido del artículo 101 TFUE como un posible abuso de dominio. No obstante, el Tribunal también reconoció que la venta centralizada de derechos puede generar eficiencias y beneficios –como mayor poder negociador para los clubes pequeños y una distribución más equitativa de los ingresos–. En consecuencia, dejó abierta la posibilidad de que, bajo ciertas condiciones, este sistema centralizado pudiera quedar justificado por exenciones o excepciones previstas en el Derecho de la Competencia (por ejemplo, el artículo 101.3 TFUE). En conclusión, el TJUE indicó que el control exclusivo de los derechos por la UEFA y la FIFA es potencialmente anticompetitivo, salvo que se demuestre que sus beneficios procompetitivos superan el perjuicio (carga de la prueba que recaería en dichas entidades).

4.4. Justificaciones y excepciones: el test de proporcionalidad

Habiendo determinado la existencia de una restricción de la competencia, el TJUE pasó a examinar si podía haber justificaciones objetivas o exenciones legales que pudieran salvar las normas controvertidas de la UEFA y la FIFA. En materia de conductas enamarcables dentro del artículo 101 TFUE, la posible salvaguarda sería la excepción del apartado tercero de dicho artículo, que permite "validar" acuerdos anticompetitivos que generen suficientes mejoras de eficiencia en beneficio del consumidor y no eliminen la competencia. En materia de abuso de posición de dominio, no existe una exención como tal en el artículo 102 TFUE (no hay un "artículo 102.3"), pero el Tribunal afirma que los artículos 101 y 102 TFUE han de interpretarse de forma coherente, por lo que también se ha de considerar la posibilidad de eximir conductas que caen bajo el marco del artículo 102 TFUE siempre que existan "justificaciones objetivas". Éstas serían circunstancias en que una conducta aparentemente abusiva está objetivamente justificada por necesidades legítimas del negocio o de interés general.

La UEFA y la FIFA alegaron que sus normas respondían a objetivos legítimos relacionados con la integridad del deporte, concretamente: evitar competiciones que amenacen la viabilidad de las ligas nacionales, proteger el principio de méritos deportivos (ascensos y descensos abiertos), garantizar la solidaridad financiera con el fútbol base, prevenir riesgos de calendarios superpuestos, etc. El Tribunal reconoció la validez de tales objetivos en abstracto –haciendo mención expresa al artículo 165 TFUE– e incluso reconoció que un sistema de autorización previa podría ser compatible con la normativa europea de competencia si estuviera diseñado de manera proporcionada a esos fines legítimos. De hecho, en la misma sentencia del caso paralelo ISU, el TJUE afirmó que la existencia de un control ex ante de nuevas competiciones *per se* no es ilegal, siempre que dicho control opere dentro de un marco de criterios sustantivos y procedimentales claros, transparentes, no discriminatorios y proporcionados.

El problema es que, en el caso de la UEFA y la FIFA, no existía tal marco. El Tribunal constató que ni los estatutos de estas federaciones ni otra normativa establecían procedimiento concreto alguno para solicitar la autorización de una nueva competición, ni criterios materiales que guiasen la decisión. Por ejemplo, la UEFA no había definido formalmente bajo qué condiciones aprobaría (o rechazaría) una competición como la Superliga: ¿Se evaluaría su impacto en las ligas nacionales? ¿Se exigiría algún requisito financiero o deportivo? Nada de esto estaba reglado. Esta ausencia de reglas deja el otorgamiento de la autorización al puro arbitrio de la UEFA y la FIFA, lo que, según el TJUE, impide verificar que las restricciones impuestas sean proporcionadas a los objetivos legítimos invocados.

En su análisis, el TJUE esencialmente aplicó un test de proporcionalidad reforzado (tomado de MOTOE) a las justificaciones presentadas. Determinó que, en ausencia de garantías procedimentales y sustantivas, las normas de la UEFA y la FIFA no superan el escrutinio de proporcionalidad. Si esas organizaciones deseaban alegar que su monopolio y veto a la Superliga eran necesarios para proteger el modelo deportivo europeo, primero debían haber implementado un sistema transparente de evaluación de nuevas competiciones que minimizase el conflicto de interés. Al no hacerlo, sus argumentos de salvaguardia del deporte se ven desvirtuados por la posibilidad de que se favorezcan a sí mismos. Así, la sentencia concluyó que las normas en cuestión no pueden beneficiarse de la exención del artículo 101.3 TFUE, al faltar las condiciones para considerar que aportan eficiencias suficientes ni están restringidas lo imprescindible (requisitos cumulativos del 101.3). Igualmente, desde la óptica del artículo 102 TFUE, no se apreció ninguna justificación objetiva válida para la negativa hipotética de autorizar la Superliga (al contrario, todo apuntaba a una motivación protectora de la posición de UEFA).

4.5. Desarrollo posterior del caso: la sentencia del Juzgado mercantil 17 de Madrid

Tras la decisión prejudicial del TJUE, correspondía al juzgado español aplicar la interpretación vinculante a los hechos del caso y dictar sentencia definitiva. El Juzgado de lo Mercantil n.º 17 de Madrid, en sentencia de 25 de abril de 2024 (hecha pública el 27 de mayo de 2024), falló a favor de la Superliga, declarando que las conductas de la UEFA y la FIFA constituían efectivamente violaciones los artículos 101 y 102 TFUE. La jueza española, apoyándose extensamente en la sentencia del TJUE, concluyó que la UEFA y la FIFA ostentan un monopolio y estaban *"impidiendo la libre competencia [...] imponiendo restricciones injustificadas y desproporcionadas"* para bloquear competiciones fuera de su paraguas. En particular, su resolución subraya la falta de un procedimiento adecuado de autorización previa en el seno de la UEFA y la FIFA: *"La conclusión es la imposición de [la] obtención de autorización previa, pero sin que se haya desarrollado un procedimiento adecuado, ni se establezcan criterios materiales que garanticen un sistema transparente, objetivo, no discriminatorio y proporcionado"*. Esta ausencia de desarrollo normativo –añade la jueza– otorga a los organismos controladores una libertad de actuación que sienta las bases para una posible explotación abusiva de su posición de dominio.

Las consecuencias prácticas inmediatas de este fallo son que la UEFA y la FIFA no podrían sancionar a los clubes por participar en la Superliga, ni oponerse a su creación con las normas tal como están redactadas. Además, sienta un precedente nacional importante: reconoce por primera vez en un tribunal español que las prácticas de cierre de mercado de las federaciones deportivas privadas pueden constituir violaciones de la competencia.

En resumen, en *Superliga* el TJUE concluyó estableciendo que la UEFA y la FIFA habían incumplido la normativa europea de competencia al actuar como guardianes monopolísticos sin acatar las obligaciones de neutralidad y transparencia descritas en el caso MOTOE. A continuación, evaluaremos si esta decisión implica un cambio de paradigma en la concepción de los derechos exclusivos del artículo 106 TFUE o si queda limitada a las particularidades del deporte, así como sus posibles impactos en otros sectores.

5. ¿Un cambio de paradigma?

Como hemos comentado en la sección anterior, uno de los recursos empleados por el Tribunal para resolver el caso Superliga fue tomar la jurisprudencia MOTOE, previamente reservada únicamente a supuestos donde un ente con un mandato público expreso para regular un mercado ejercía simultáneamente como competidor en dicho mercado, y aplicarla en dicho supuesto, en el que la posición de entes reguladores en la que se encontraban la FIFA y la UEFA era de facto análoga a la de ELPA en MOTOE, pero sin contar crucialmente con el mandato de un Estado miembro.

Lo que el Tribunal hace aquí es equiparar aquellas situaciones en las que un ente actúa de forma simultánea como regulador y competidor en un mismo mercado, cuando dicha condición de ente gobernante es autoadjudicada, a aquellas en las que ésta emana de la autoridad de un Estado miembro (a pesar de ser ejecutada por un ente privado como en MOTOE). Al hacer esto, el Tribunal le impone las mismas responsabilidades a la UEFA y a la FIFA que le son impuestas a los demás tenedores de derechos exclusivos que operan a la vez en el mercado.

La alternativa hubiera sido el considerar que, pese a ser la situación sustancialmente igual a la expuesta en MOTOE, al carecer de un mandato expreso por parte de un Estado miembro, no se puede recurrir al artículo 106 TFUE, y, por tanto, los criterios expuestos en MOTOE no son aplicables. Dichos criterios son de una naturaleza más estricta que los normalmente resultantes del artículo 102 TFUE, puesto que no están pensados para situaciones en las que un ente se encuentra en una posición de dominio al uso, sino que cuenta de una forma directa o indirecta con el poder del Estado a sus espaldas. Consecuentemente, el potencial abuso en esta situación es mucho más peligroso desde el punto de vista de la competencia que el que puede normalmente perpetrar una empresa privada en una posición dominante.

Pues bien, en este caso, pese a que la situación en la que se encuentran la FIFA y la UEFA –al ser estos entes estrictamente privados– no es la misma que la de MOTOE, al entender el Tribunal que, en la práctica, los efectos eran sustancialmente los mismos, ha decidido someter a dichos entes a los mismos límites y mecanismos de prevención de abusos que previamente se reservaba para entes que sí tenían una vinculación con el Estado. El mensaje que aquí envía el Tribunal es que, el hecho de ser un ente privado no exime a los participantes en el mercado de observar las mismas reglas que los entes con vinculación estatal, cuando de facto actúan como éstos.

Habiendo establecido esto, considero que podría argumentarse que la posición de la FIFA y la UEFA en realidad sí que puede considerarse estatal bajo ciertas acepciones de dicho concepto. Por ende, ni siquiera sería necesario interpretar que el Tribunal le ha aplicado a un ente privado sin relación con el Estado su doctrina relativa a los entes que sí la tienen, puesto que en este caso sí que podría argumentarse que la FIFA y la UEFA son "fragmentos de Estado".

El término "fragmento de Estado" fue acuñado en 1896 por el famoso publicista alemán Georg Jellinek[6] para describir a las entidades políticas que poseen algunos, pero no todos, los elementos esenciales de un Estado, como territorio, población y poder gubernamental. Estas entidades no son completamente independientes ni se

---

6   Jellinek, G. (1978). *Fragmentos de Estado* (M. Forster y J. C. Esteban, Trads.). Editorial Civitas.

disuelven totalmente en el Estado al que pertenecen. Pueden tener su propio territorio y población sin un gobierno propio, o viceversa, pero carecen de una plena soberanía. Se consideran "fragmentos" porque muestran señales de ser un Estado sin serlo completamente, y su situación jurídica y política puede variar respecto al Estado dominante.

Cuando Jellinek ideó el concepto de "fragmento de Estado", lo hizo para designar una serie de territorios (concretamente, los territorios de Alsacia-Lorena y Heligoland administrados por el Imperio Alemán, y la provincia de Bosnia y Herzegovina bajo administración austrohúngara) que durante un período en la Europa de finales del siglo XIX tuvieron un estatus nebuloso en cuanto a su estatalidad. Por mi parte, considero que este concepto es extrapolable a la cuestión aquí debatida, pues ELPA en MOTOE y la FIFA y la UEFA en *Superliga*, son entidades que, pese a no ser formalmente órganos de un Estado miembro, están íntimamente ligadas al ejercicio de funciones normalmente reservadas para éstos. En este sentido, dichos entes exhiben varias muestras de estatalidad (creación de normas, ejecución de sanciones, velar por bienes de interés público, etc.) sin llegar a alcanzarla plenamente –al mantener su estatus de entes privados–, por lo que bien podríamos referirnos a ellos como "fragmentos de Estado".

Ahora bien, cuando sugiero que la FIFA y la UEFA podrían ser considerados como "fragmentos de Estado", no estoy diciéndolo en el sentido de que han de considerarse como sujetos del Derecho Internacional. Únicamente constato que, en cuanto a su actuación en el mercado, exhiben varias de las características que suele mostrar el Estado, tanto en las facultades que se han arrogado como en su situación de control cuasiabsoluto sobre el mercado derivada del monopolio total del que gozan.

Es más, ya en el asunto C-36/74 *Walrave* (que –de forma similar a *Superliga*– giraba en torno a unas normas controvertidas de la federación Internacional de Ciclismo), el Tribunal reconoció que, a pesar de no ser la Federación Internacional de Ciclismo un ente público, no estaba exenta de la normativa europea sobre no discriminación, libre circulación y libre prestación de servicios, ya que ejercía funciones de interés público que afectan significativamente la competencia en el mercado. A tenor de lo expuesto, podríamos afirmar que el Tribunal reconoció entonces a la Federación Internacional de Ciclismo como un "fragmento de Estado".

En cuanto a *Superliga*, la afirmación de que la FIFA y la UEFA serían "fragmentos de Estado" al ejercer funciones de interés público se ve reforzada por la función social y educativa del deporte expresada en el artículo 165 TFUE. Por tanto, de concluir que, a pesar de ser entes formalmente privados, la FIFA y la UEFA son "fragmentos de Estado" debido a su estatus en el mercado y al carácter de interés público conferido al fútbol en la Unión Europea, la decisión del Tribunal en *Superliga* no sería tan radical respecto de la doctrina establecida sobre derechos exclusivos. En la práctica, las entidades privadas en esta posición estarían actuando en representación de un Estado –o al menos, de un "fragmento de Estado"–, aunque sin un mandato expreso, y por ello se les exigiría la sujeción a los mismos criterios aplicables a entes que sí cuenten con una relación formal con un Estado miembro.

6. Consecuencias prácticas y proyecciones

La aplicación de la doctrina MOTOE al caso Superliga por el TJUE tiene implicaciones que trascienden el ámbito del fútbol, generando potenciales efectos en diversas industrias y en la forma en que se garantiza la competencia en mercados con regulación privada. A continuación, se analizan algunas de las consecuencias prácticas más relevantes:

6.1. Impacto en entidades privadas reguladoras fuera del deporte

Quizá la cuestión más intrigante es si la lógica aplicada a las federaciones deportivas puede extrapolarse a otros sectores donde existen estructuras de autorregulación o poder de "gatekeeping" por entes privados. En la economía moderna abundan situaciones análogas en que un actor privado controla una infraestructura esencial o plataforma y simultáneamente compite en el mercado que depende de esa infraestructura. Un ejemplo evidente son las plataformas digitales y mercados en línea: empresas como Apple con su App Store, o Amazon con su marketplace, ejercen un rol de "regulador" del ecosistema (decidiendo qué apps o vendedores pueden operar, bajo qué condiciones) mientras compiten con otros desarrolladores de apps o vendedores. De hecho, la problemática de Apple ha sido abordada en casos de competencia y en el nuevo Reglamento de Mercados Digitales (Digital Markets Act) de la UE, exigiéndole criterios transparentes y no discriminatorios en la gestión de su tienda de aplicaciones, entre otras obligaciones. La similitud con MOTOE/*Superliga* es clara: conflicto de interés estructural al ser juez y parte. La jurisprudencia del TJUE refuerza la idea de que incluso sin mandato estatal, un operador dominante con función de control de acceso debe actuar con neutralidad.

Otro ámbito potencialmente afectado son las organizaciones profesionales y colegiales. Aunque muchas profesiones están reguladas por ley (colegios de abogados, médicos, etc.), existen casos de certificaciones o acreditaciones *de facto* obligatorias administradas por asociaciones privadas. Si una asociación privada controla, por ejemplo, la certificación de calidad en un sector y a la vez presta servicios en ese mercado, la doctrina aquí analizada sugeriría que dicha asociación no puede denegar certificaciones a rivales sin criterios objetivos. De nuevo, si bien suele mediar algún reconocimiento público, la frontera entre lo público y lo privado puede diluirse y la decisión del Tribunal en *Superliga* es indicativa de que la finalidad económica primará sobre la forma jurídica en el análisis competitivo.

Un caso más difuso, pero igualmente pertinente, es el de los sistemas de estandarización técnica. A veces, ciertos estándares industriales o formatos tecnológicos son administrados por consorcios privados que podrían excluir a competidores o favorecer tecnologías propias. En todo lugar donde exista un "cuello de botella" privado, esta jurisprudencia podría ser un arsenal para quienes busquen abrirlo.

6.2. Seguridad jurídica y posibles incertidumbres

La extensión de la doctrina MOTOE a entes sin mandato legal plantea también interrogantes de seguridad jurídica. Por un lado, se puede celebrar que el TJUE envía un mensaje inequívoco: ningún monopolio, aunque sea privado, está fuera del alcance del control competitivo; *lo que importa es el efecto de mercado, no el rótulo formal.* Esto refuerza la coherencia teleológica del Derecho de la Competencia –proteger el proceso competitivo– y evita lagunas por formalismos. Por otro lado, cabe preguntarse si las empresas o asociaciones privadas sabrán a qué atenerse con certeza respecto a sus obligaciones. ¿Debe toda empresa dominante que tenga algún rol asimilable a regulador interno (por ejemplo, una asociación gremial que fija reglas para sus miembros) implementar desde ya las cinco garantías de MOTOE? ¿O solo cuando exista un riesgo real de excluir competidores externos?

Otra posible fuente de incertidumbre es cómo encajará esta jurisprudencia con la aplicación clásica del artículo 102 TFUE. Hasta ahora, el análisis de abuso de posición dominante se centraba en conductas específicas (denegación de acceso, precios excesivos, discriminación, etc.), sin imponer *ex ante* una "lista de deberes" a las empresas dominantes salvo en sectores regulados. Tras *Superliga*, podría interpretarse que ciertas empresas dominantes tienen una obligación general de estructurar su comportamiento para prevenir conflictos de interés (lo cual suena más a una obligación de servicio público continua). Algunos críticos podrían ver aquí un riesgo de que las autoridades o tribunales impongan a empresas privadas deberes positivos poco delimitados, afectando la previsibilidad. Sin embargo, es importante matizar que las exigencias surgen en contextos muy particulares – monopolio fáctico sobre un mercado y simultáneo control sobre el acceso al mismo–, que no son la norma en todas las industrias.

7. Conclusiones

La sentencia del Tribunal de Justicia de la Unión Europea en *Superliga* representa una evolución jurisprudencial significativa en el ámbito del Derecho de la Competencia, particularmente en lo que respecta a la aplicación de la doctrina MOTOE. A lo largo de esta tesina se ha analizado cómo el Tribunal ha extendido criterios originalmente aplicables a monopolios estatales o con un mandato explícito estatal a entidades privadas como la UEFA y la FIFA, cuya posición dominante deriva de una autoorganización privada ampliamente reconocida social y estatalmente.

Este pronunciamiento implica un cambio relevante en la noción tradicional de derechos exclusivos del artículo 106 TFUE, ampliando su interpretación más allá de situaciones formalmente estatales hacia escenarios donde, en la práctica, entidades privadas ejercen una función regulatoria con efectos equivalentes a un monopolio legal. Esta interpretación pragmática tiene el potencial de transformar significativamente el análisis competitivo en mercados autorregulados, no solo en el ámbito deportivo sino también en otros sectores económicos caracterizados por estructuras similares.

En particular, la tesina ha planteado la posibilidad de conceptualizar a entidades como la UEFA y la FIFA como "fragmentos de Estado", siguiendo la teoría originalmente desarrollada por Georg Jellinek. Según esta perspectiva, aunque formalmente privadas, estas entidades exhiben atributos típicamente estatales, tales como creación normativa, capacidad sancionadora y protección de intereses públicos esenciales, otorgándoles un carácter híbrido que justifica su sometimiento a criterios reforzados en el Derecho de la Competencia.

Sin embargo, esta aparente expansión doctrinal debe ser matizada. Aunque el TJUE reconoce explícitamente la importancia de criterios transparentes, objetivos y proporcionados en el ejercicio de poderes regulatorios privados, es posible que esta aplicación concreta al deporte responda a particularidades propias de este ámbito, limitando su extrapolación directa a otros contextos. En este sentido, la dimensión pública atribuida al deporte por el artículo 165 TFUE y el reconocimiento implícito por parte de los Estados miembros hacia las estructuras deportivas pueden justificar la aplicación específica de estos criterios reforzados.

En términos prácticos, la decisión del TJUE implica que las entidades privadas dominantes que cumplen funciones regulatorias similares deberán adaptar sus procedimientos internos para cumplir con las exigencias de transparencia, neutralidad y proporcionalidad descritas en la sentencia MOTOE y reiteradas en *Superliga*. Este precedente jurídico sirve como advertencia clara: ningún monopolio privado que ejerza control sobre el acceso al mercado está exento del escrutinio del Derecho de la Competencia.

Además, esta sentencia resalta la necesidad de reevaluar y potencialmente reformar el marco normativo en sectores donde la autorregulación privada prevalece, buscando prevenir abusos de posición dominante mediante la imposición de garantías procesales y sustantivas explícitas. Por último, aunque la extensión de la doctrina MOTOE a entes privados sin un mandato formal explícito podría generar cierta incertidumbre jurídica, la decisión fortalece la coherencia teleológica del Derecho de la Competencia europeo, orientándolo claramente hacia la protección efectiva del proceso competitivo.

En definitiva, el caso Superliga no solo establece un precedente relevante para el mundo del deporte, sino que también aporta elementos esenciales para el desarrollo futuro del Derecho de la Competencia en la Unión Europea, asegurando una mayor protección frente a situaciones de monopolio privado que afectan significativamente la libre competencia.

8. Bibliografía

BUENDÍA SIERRA, J. L., Exclusive Rights and State Monopolies under EC Law, Oxford University Press, 1999.

CSERES, K. J., Y REYNA, A., "EU State Aid Law and Consumer Protection: An Unsettled Relationship in Times of Crisis", Journal of European Competition Law & Practice, 2021, vol. 12, n° 8, pp. 617-629, https://doi.org/10.1093/jeclap/lpab037.

IBÁÑEZ COLOMO, P., "EU competition law and sports", Chillin'Competition, 2024, https://chillingcompetition.com/wp-content/uploads/2024/03/ibanez-colomo-eu-competition-law-and-sports-3.pdf.

IBÁÑEZ COLOMO, P., "On Superleague and ISU: the expectation was justified (and EU competition law may be changing before our eyes)", Chillin'Competition, 2023, https://chillingcompetition.com/2023/12/21/on-superleague-and-isu-the-expectation-was-justified-and-eu-competition-law-may-be-changing-before-our-eyes/.

IBÁÑEZ COLOMO, P., "Will Article 106 TFEU Case Law Transform EU Competition Law?", Journal of European Competition Law & Practice, 2022, Vol. 13, n° 6, pp. 385-386, https://doi.org/10.1093/jeclap/lpac039.

JELLINEK, G., Fragmentos de Estado, Editorial Civitas, 1978, https://archive.org/details/fragmentos-de-estado .

KËLLEZI, P., "Competition Law Dynamics in Sport Governance: Exploring the Regulatory Powers and Private Autonomy of Sports Associations", Swiss Review of International & European Law, 2023, vol. 33, https://heinonline.org/hol-cgi-bin/get_pdf.cgi?handle=hein.journals/sriel33&section=38.

LALLEMAND-KIRCHE, G., TIXIER, C., PIFFAUT, H., "The Treatment of State-owned Enterprises in EU Competition Law: New Developments and Future Challenges", Journal of European Competition Law & Practice, 2017, vol. 8, n° 5, pp. 295-308. https://doi.org/10.1093/jeclap/lpx016.

LICHTENBERG, T., "International Skating Union, European Super League and Royal Antwerp: The beautiful game and skating before the CJEU", Kluwer Competition Law Blog, 2024, https://competitionlawblog.kluwercompetitionlaw.com/2024/01/08/international-skating-union-european-super-league-and-royal-antwerp-the-beautiful-game-and-skating-before-the-cjeu/.

MAVROIDIS, P. C., & NEVEN, D. J., "Eyes on the Ball. The Super-League Litigation before the CJEU", SSRN, 2023, https://papers.ssrn.com/sol3/papers.cfm?abstract_id=4461465.

MAVROIDIS, P. C., & NEVEN, D. J., "Legitimate Objectives in Antitrust Analysis: The FIFA Regulation of Agents and the Right to Regulate Football in Europe", SSRN, 2024, https://papers.ssrn.com/sol3/papers.cfm?abstract_id=4694407.

MONTI, G., "EU competition law after the Grand Chamber's December 2023 sports trilogy: European Super League, International Skating Union and Royal Antwerp FC" en Revista de Derecho Comunitario Europeo, 2024, n° 77, pp. 11-43, https://doi.org/10.18042/cepc/rdce.77.01.

VAN DER VELDT, S. H. S., "On the Viability of Break-Away Competitions in Football", Tilburg University, 2022, https://sport-en-recht.nl/wp-content/uploads/2022/11/On-the-viability-of-break-away-competitions-in-football..pdf.

9. Jurisprudencia analizada

Sentencia del Tribunal de Justicia de la Unión Europea de 21 de diciembre de 2023 en el asunto C-333/21 European Superleague Company. Disponible en https://curia.europa.eu/juris/liste.jsf?num=C-333/21

Sentencia del Tribunal de Justicia de la Unión Europea de 21 de diciembre de 2023 en el asunto C-124/21 International Skating Union. Disponible en https://curia.europa.eu/juris/liste.jsf?num=C-124/21

Sentencia del Tribunal de Justicia de la Unión Europea de 21 de diciembre de 2023 en el asunto C-680/21 Royal Antwerp Football Club. Disponible en https://curia.europa.eu/juris/document/document_print.jsf?mode=lst&pageIndex=0&docid=280764&part=1&doclang=ES&text=&dir=&occ=first&cid=759079

Sentencia del Tribunal de Justicia de la Unión Europea de 1 de julio de 2008 en el asunto C-49/07 Motosykletistiki Omospondia Ellados NPID (MOTOE). Disponible en https://curia.europa.eu/juris/liste.jsf?num=C-49/07

Sentencia del Tribunal de Justicia de la Unión Europea de 18 de julio de 2006 en el asunto C-519/04 Meca-Medina y Majcen/Comisión. Disponible en https://curia.europa.eu/juris/liste.jsf?num=C-519/04

Sentencia del Tribunal de Justicia de la Unión Europea de 18 de julio de 2006 en el asunto C-415/93 Union royale belge des sociétés de football association y otros/Bosman y otros. Disponible en https://curia.europa.eu/juris/liste.jsf?num=C-415/93

Sentencia del Tribunal de Justicia de la Unión Europea de 18 de julio de 2006 en el asunto C-18/88 RTT/GB-Inno-BM. Disponible en https://curia.europa.eu/juris/liste.jsf?num=C-18/88

Sentencia del Tribunal de Justicia de la Unión Europea de 18 de junio de 1991 en el asunto C-260/89 ERT/DEP. Disponible en https://curia.europa.eu/juris/liste.jsf?num=C-260/89

Sentencia del Tribunal de Justicia de la Unión Europea de 14 de julio de 1976 en el asunto C-13/76 Donà/Mantero. Disponible en https://curia.europa.eu/juris/liste.jsf?num=C-13/76

Sentencia del Tribunal de Justicia de la Unión Europea de 12 de diciembre de 1974 en el asunto C-36/74 Walrave y Koch/Association Union Cycliste Internationale y otros. Disponible en https://curia.europa.eu/juris/liste.jsf?num=C-36/74

Números Publicados
Serie Unión Europea y Relaciones Internacionales

Serie Política de la Competencia y Regulación